I. G. BORG

LIEBE IM DEZEMBER

24 Gedichte bis Weihnachten

I. G. Borg

Liebe im Dezember

24 Gedichte bis Weihnachten

Impressum

Bibliografische Information der Deutschen Nationalbibliothek:
Die Deutsche Nationalbibliothek verzeichnet diese Publikation in der Deutschen
Nationalbibliografie; detaillierte bibliografische Daten sind im Internet über http://dnb.dnb.de
abrufbar.

© 2023 I. G. Borg

Lektorat/Korrektorat: Michaela Meyer

Herstellung und Verlag: BoD – Books on Demand, Norderstedt

ISBN: 978-3-7578-8970-8

INHALT

Feuer gegen Eis

Vor langer Zeit lebte im Wald
ein alter Mann, die Seele kalt.
Seit dem Tage die Tochter verschwand,
die Frage wohin - blieb unbekannt.

An einem kalten Winterabend
völlig unerwartet ein Klopfen erklang.
Vor der Tür stand ein Mädchen,
zitternd und arm.

Füreinander da sein, sich helfen in Not,
gibst du ein Lichtlein weiter, strahlt
Wärme zurück.

Als er wollte die Tür zuschlagen,
verspürte er ein fremdes Gefühl,
trug sie hinein.
Mitleid, Erbarmen, gar Liebe,
was konnte es sein?

Sie hob den Kopf;
dieser Blick, diese Augen,
dieser Augenblick - die Zeit stand still.
Das Mädchen flüstert, die Stimme klar:
„Ich wusste, du bist immer für mich da,
Papa!"

Füreinander da sein, sich helfen in Not,
gibst du ein Lichtlein weiter, strahlt
Wärme zurück.

Denk´ daran im Leben,
für andere da zu sein.
Weniger nehmen,
und viel mehr geben.

Füreinander da sein, sich helfen in Not,
gibst du ein Lichtlein weiter, strahlt
Wärme zurück.

Ein Traum - ein Ziel

Der kleine Junge muss zum Match des
großen Bruders mit.
Er erkennt sofort die Liebe zum Sport und
sein Zukunftstraum ist fix.
Der kleine Junge trainiert und trainiert, er
ist richtig fit.
Dann kommt der Brief und er wird
informiert, die Akademie hat ihn
akzeptiert.

Kämpf´ um deine Träume und gib niemals
auf!
Mach immer weiter und kämpf dich
hinauf!

Einen nach den anderen schmeißt der
Trainer hinaus.
Viele schaffen es auch mental nicht, doch
der Junge sticht positiv heraus.

Er wird ins Team der Profis geholt und es
folgt schon bald der Transfer.
Dieses Team führt er dann zum Sieg der
Champions League.

Also kämpf´ um deine Träume und gib
niemals auf!
Mach immer weiter und kämpf dich
hinauf!

Nicht viel später schlägt es Alarm.
Ein Kreuzbandriss zerstört seinen Plan.

Aber eine Sache weiß er ganz genau:

Kämpf´ um deine Träume und gib niemals
auf!
Mach immer weiter und kämpf dich
hinauf!

Stadt der Liebe

Ihr Blick schweift vom Ticket hinauf
zum Fenster, in die Ferne.
Hinaus aus dem Alltag,
das macht sie sehr gerne.

Sie spürt Liebe. Sie fühlt sich wohl und geborgen.

Sie streift durch die Gassen
und kann ihr Glück kaum fassen.
Sollte sie ihre Gefühle wirklich zulassen?
Ein gemütlicher Abendspaziergang durch
die Stadt der Liebe.
Ihre Augen funkeln, als sie in ein vertrautes Gesicht blickt.

Sie spürt Liebe. Sie fühlt sich wohl und geborgen.

Sie wünscht sich nichts sehnlicher als ihr Leben lang zu reisen. Gemeinsam die Welt
kennenzulernen und zu erkunden.

Sie spürt Liebe. Sie fühlt sich wohl und geborgen.

Von früh bis spät

Die erste große Liebe in jungen Jahren
Mit Schmetterlingen der Bauch gefüllt
Mit einem Grinsen im lachenden Gesicht
Geschützt und behütet jeden Tag
Mit kunterbunten Farben den Alltag
erleben
Den Mantel der Geborgenheit erfahren

Versteckt mit vielen Überraschungen
Versteckt mit vielen Gefahren

Fröhliche Gesichter schwirren herum

Bei Liebe kommt man einfach nicht drum
rum.

Die Welt erstrahlt voller herzroter Farben
Hindernisse übersehen
Doch gemeinsam die Kurve drehen

Versteckt mit vielen Überraschungen
Versteckt mit vielen gefahren

Die Zukunft wird zeigen
Was mit unsrer Liebe geschieht
Ängstlich erfahren,
Dass einst die erste große Liebe flieht

Versteckt mit vielen Überraschungen
Versteckt mit vielen Gefahren.

Der Weg zum Ziel

Ein kleines Mädchen voller Freude,
auf den Schiern das erste Mal.
Die erste Piste ist geschafft,
gefunden hat sie eine neue Leidenschaft.

Schifahren ist ihr größtes Hobby,
sie trainierte hart und gab nie auf.

Sie wurde sehr bekannt,
auch zur Weltmeisterin ernannt.
Ohne die Unterstützung ihrer Eltern,
hätte sie es nie geschafft.

Schifahren ist ihr größtes Hobby,
sie trainierte hart und gab nie auf.

Sie hatte ihr Ziel vor Augen,
verfolgte ihren Sport und verwirklichte ihre Träume.

Schifahren ist ihr größtes Hobby,
sie trainierte hart und gab nie auf.

Kurz nach sieben

Du hattest keine Zeit
Ich war immer für dich bereit.
Hatte ich keine Zeit
habe ich sie mir genommen.

Ich will nie wieder von dir hören
ich will dich nicht mehr sehen,
bis es mich nicht mehr stört
ohne dich zu gehen.

Gewartet und gewartet.
Das Prozedere ist veraltet,
konnte nichts mehr machen
konnte nicht mehr lachen.

Ich will nie wieder von dir hören
ich will dich nicht mehr sehen
bis es mich nicht mehr stört
ohne dich zu gehen.

Doch du warst vollkommen zufrieden
ohne mich zu lieben.

Es war schon kurz nach sieben
keine Nachricht von dir.
Langsam gewöhne ich mich aber dran.
Wir sind getrennt, schon so lange
du hast es nur verpennt.

Ich will dich nicht mehr sehen
ich muss ohne dich gehen.

Warte, bis ich mich fange
denn du machst es nicht.
Du nimmst mir nur mein Licht
doch es scheint dich nicht zu stören.
Du willst nichts von mir wissen
du sagtest immer nette Worte früher.
Heute lache ich darüber.

Ich will nie wieder von dir hören
ich will dich nicht mehr sehen
bis es mich nicht mehr stört
ohne dich zu gehen.

Glück vor Stolz

Der Winter war hier,
Und für jeden war klar,
für Johanna wird nichts mehr so wie es
war.
Der Schnee fiel von dem Himmel,
somit fing sie an
und schwang sich über den Hang.
Hör nicht auf,
denn du wirst sehen, es zahlt sich aus.

Es machte ihr Spaß.
Und sie verliebte sich in den Sport,
doch sie verlor nun die Kontrolle
und machte eine große Rolle.
Der Sturz war schmerzhaft,
zwei Jahre hatte sie Pause,
aber sie gab nicht auf
und fing wieder an.

Hör nicht auf,
denn du wirst sehen, es zahlt sich aus.

Das Comeback war stark,
doch die Beste konnte sie nicht mehr sein,
aber die Glücklichste war sie ganz allein.

Hör nicht auf,
denn du wirst sehen es zahlt sich aus.

Verlorene Liebe

Eins, zwei, drei
So oft geht er tagtäglich an mir vorbei
Sieht er mich wirklich? Ach, was mach ich
mir vor?
'ne Chance bei ihm hätte ich sowieso nie.

Ich weiß es nicht, wie fühl ich mich?
In meinem Kopf geht's nur um dich!

Ich sehe sie immer wieder
Sie anzusprechen, traue ich mich nicht
Will nicht zugeben, dass ich sie mag
Ich spür mein Herz jetzt schon brechen.

Ich weiß es nicht, wie fühl ich mich?
In meinem Herz gibt es nur dich!

Verlorene Liebe, fehlender Mut
Nie was gesagt und jetzt ist's zu spät
Sie sehen sich immer noch und fühlen
dasselbe
Doch ihre Wege fanden nie zusammen.

Ich weiß es nicht, wie fühl ich mich?
Unsere Zeit wird noch kommen
…hoffentlich.

Mit harter Arbeit

Enttäuscht sitze ich in der Kabine
Und denke über das verlorene Spiel nach.
Werden wir das nächste gewinnen?
Ich denke, wir müssen definitiv mit mehr
Training beginnen.

Und auch wenn es nicht immer leicht sein
wird,
wir können und werden es schaffen!

Die Schule, Arbeit und Freunde parallel
zu halten
Ist nicht immer so einfach wie es für
manche scheint.
Und so wurde auch viel gestritten und
geweint.
Mehr Training, gesunde Ernährung,
verschiedene Trainer.
Es wird von Tag zu Tag intensiver und
extremer.

Und auch, wenn es nicht immer leicht sein
wird,
wir können, und werden es schaffen!

Und schlussendlich, nach mehreren harten
Trainings,
der richtigen Einstellung und
Zusammenhalt, kehrten
wir zurück und gewannen das
Championsleague-Finale,
aber man beachte, wir gaben dafür das
Maximale.

Und wenn es nicht immer leicht sein wird,
wir können, und werden es schaffen!

Erblindete Liebe

Eine Frau von Eleganz
Ihr lockiges Haar, glänzend und weich
Voller Elan und Geschmeidigkeit,
Verführerisch ihr Augenglanz.

Doch was ist hier?
Eine undurchbrechbare Mauer
Ein Kampf um Liebe und Sein,
Doch er ist zum Scheitern da, zu viel vom
möchten und Gier.

Das Unerreichbare ist blind und begehrt,
Doch das, was du brauchst, vergeht.

Neu im Ort, frei und wunderbar
Geblendet durch das Wollen
Er sieht nur Leid, doch sie für ihn ist echt
und wahr.

Verloren im Sein und Trauern
Blind von Gier, der Kampf zu schwer
Konzentriert zu erkennen,
So wird er allein verkauern.

Das Unerreichbare ist bindend und
begehrt,
Doch das, was du brauchst, vergeht.

Liebe, Freude und auch für immer,
Verlockend doch zu viel vom Träumen?
Zurückgelassen wird das Nahe,
Doch Leben vergeht und sein ist bald
nimmer.

Das Unerreichbare ist bindend und
begehrt,
Doch das, was du brauchst, vergeht.

Zu zweit

Ein Bub ist jeden Tag daheim,
so ganz einsam und allein.
Er sucht schon ewig jemanden,
jemanden, der ihn begleitet.

Eines Tages nach der Schule,
fand er eine hübsche Truhe.
Ein Fund war in der Truhe drin.
Ein flauschiger Welpe lachte ihm
entgegen.

Wenn du kannst Geduld aufbringen,
werden dich die Dinge finden.

Er stritt mit seinen Eltern sehr,
um diesen kleinen, süßen Bär.
Denn er kann ihn nicht mehr schicken
zurück in diese dunkle Kiste.

Dann wär' er wieder ganz allein,
der kleine Hund und auch das Kind.
Er darf den Wauzi nun behalten,
wenn er ihn kann alleine halten.

Wenn du kannst Geduld aufbringen,
werden dich die Dinge finden.

Du musst behalten deine Ziele,
dafür kämpfen und sie lieben.
Dein Herz verfolgen
und dran glauben.

Wenn du kannst Geduld aufbringen,
werden dich die Dinge finden.

Liebe ist

Liebe heißt Lieben zu lernen
Alles mit anderen Augen sehen
Liebe ist der Sinn des Lebens
Suchst du noch vergebens?

Doch nur man selbst weiß, was man liebt
Und für was man alles gibt!

Liebe kann einem alles geben
Man fühlt sich wohl und geborgen.
Doch was, wenn du nie wirklich liebst
Und lieber mit Gefühlen spielst?

Doch nur man selbst weiß, was man liebt
Und für was man alles gibt!

Liebe ist ein Gefühl, das man nicht beschreiben kann.
Fühlst du sie auch irgendwann?
Liebe ist unbezahlbar-für kein Geld
Denn Liebe ist das Wertvollste auf der Welt.

Doch nur man selbst weiß, was man liebt
Und für was man alles gibt!

Du lebst nur einmal!

Da sah sie ihn ,
und verliebte sich.
Bekam seine Nummer
und sah ihn immer wieder.

Lass dich auf eine Person ein,
und genieße dein Leben!

Gingen auf Reisen, bekam seinen Ring,
Haus und Kinder waren auch ein Ding.
So ging die Zeit vorbei
und plötzlich starb der Mann.

Lass dich auf eine Person ein
und genieße dein Leben!

Sie wollte sich nicht mehr verlieben, aber verliebte sich doch.
Darum sag ich es dir, sei nicht so scheu
und lasse dich auch auf andere Menschen ein,
genieße dein Leben und finde dich einfach neu.

Lass dich auf eine Person ein
und genieße dein Leben!

Zweimal

Zwei Freunde schrieben sich täglich hin
und her
Doch die Entfernung macht ihnen sehr zu
schaffen
Mit ihren Wörtern brachten sie sich sehr
zum Lachen
Mit jenem Tag haben sie verloren sich aus
den Augen
Aber ihre Träume verlieren sie nie.

Es kommt alles ans Licht.
Im Leben sieht man sich immer zweimal,
vergiss das nicht!

Jahre später steht das Mädchen in London
Mit Hunger ging sie in ein Pub
Doch da sah sie ihn: Mario.
Sie traute ihren Augen kaum.

Ein kleines Hallo reichte,
dass er vor Freude erbleichte.
Mit der Zeit verliebten sie sich neu,
sie konnten sich nie wieder trennen.

Es kommt alles ans Licht.
Im Leben sieht man sich immer zweimal,
vergiss das nicht!

Wenig später kniete er sich vor ihr hin
Und auch die Kinderplanung war für sie
ein Ding.
Glücklich und zufrieden liebten sie sich
bis an ihr Lebensende,
Sie hielten sogar noch im Grab ihre
Hände.

Es kommt alles ans Licht.
Im Leben sieht man sich immer zweimal,
vergiss das nicht!

Unwiderstehliche Klänge

Ganz verträumt sieht ein kleines Mädchen,
auf die im Licht glänzenden Instrumente.
Besonders beeindruckt ist sie vom Horn
und möchte dies auch spielen,
das hat sie sich geschwor´n.

Nach den ersten Tönen am Flügelhorn
war ihr klar, sie hat ihre Leidenschaft gefunden.

Immer nach den Musikstunden,
übte sie fleißig jeden Tag,
hat mit Ehrgeiz viele Höhen und Tiefen überwunden.

Nach einigen Auftritten auf der Bühne
war ihr klar, dass sie ihr Hobby zum Beruf machen möchte.

Nach der ersten Tönen am Flügelhorn,
war ihr klar, sie hat ihre Leidenschaft gefunden.

Jahre später hat sie ihr Leistungsabzeichen in Gold,
und ihr Musikstudium ausgezeichnet bewältigt.

Nach den ersten Tönen am Flügelhorn,
war ihr klar, sie hat ihre Leidenschaft gefunden.

Bedingungslose Liebe

Es gibt einen Ort,
Wo es wichtig ist sich zu vertrauen.

Lachen, trösten und aufeinander schauen.

Nach ein- oder anderem Streit, oft sehr kompliziert,
Doch es überwiegt die stetige Geborgenheit,
Gefolgt von gegenseitiger Aufmerksamkeit.

Wir sprechen von besonderer Liebe, es ist ganz klar:

Die Familie, sie ist immer für einen da.

Sehnsucht

Ich saß zu Hause
wartend auf dich
doch vergaß dabei
so ganz auf mich.

Mein Körper ist müde
es ist anstrengend zu warten.
mein Herz wird vor lauter Schmerz
bald schon versagen.

Hab´ so oft versucht zu gehen.
Doch die Sehnsucht nach dir
bleibt für immer bestehen.

Du sagtest zu mir
´Bedingungsloses Vertrauen´,
das geb ich dir -
doch jetzt gehst du immer zu ihr.

Die Lust und die Liebe
sind lang schon verraucht.
und du bist längst schon
in eine neue Welt getaucht.

Hab´ so oft versucht zu gehen.
doch die Sehnsucht nach dir
bleibt für immer bestehen.

Gefundene Liebe

An einem kühlen Dienstagmorgen
ging ihre Beziehung verloren.
Sie hatte einen anderen.
Sport flickte das gebrochene Herz
und minderte den Schmerz.

Zeit heilt Wunden
Vergangener Stunden.

Im Fitnessstudio sucht er Trost,
Der seinen Herzschmerz verblassen lässt.
Doch die Liebe ist nicht weit entfernt,
Lässt Schmetterlinge fliegen, als er sie kennenlernt.
Liebe auf den ersten Blick.

Zeit heilt Wunden
Vergangener Stunden.

An einem warmen Freitagmorgen,
Waren vergessen seine Sorgen.
Das neue Paar zog zusammen ein.
Glück und Liebe
Begleitet sie auf ihrem Wege.

Zeit heilt Wunden
Vergangener Stunden.

Schmetterlinge im Bauch

Plötzlich stand sie da im Raum,
Ein Mädchen wie aus meinem Traum
Sie schien für mich so echt und wahr,
So schön und einfach wunderbar.

Ich stellte mir vor, ein Leben mit ihr,
Und auf einmal waren die Schmetterlinge hier
Aus dem Kopf ging sie nicht mehr,
Ich verliebte mich in sie so sehr.

Ich gab ihr mein Vertrauen,
Denn sie war die Schönste unter alle Frauen
Ich probierte meine Toleranz zu zeigen,
Doch wie fielen in ein langes Schweigen.

Ein Kampf, die richtigen Worte zu finden.
Können Schmetterlinge wirklich verschwinden?
Doch erst, wenn du das Kribbeln vermisst,
Weißt du, dass es wahre Liebe ist!

Die Liebe genießen

In der Liebe ist es wichtig, zu vertrauen

Einsichtig sein
Aufeinander bauen
Jeden Tag genießen

Und den anderen ins Herz schließen

Wertschätzung zeigen,
Zuneigung schenken

An schlechten Tagen aufbauend sein
Gemeinsam weinen, gemeinsam lachen

Den anderen bedingungslos lieben
Und nach keinem Streit fliehen.

Tage, die i lieb´

Eisig kaltes Wetter,
Der Himmel so blau ,
Die Gedanken so grau
Verpuffen im Schnee wie Staub.

Manchmal braucht man schöne Tage
Ganz ohne Frag´
Nur mit Leuten, die man mag.

Dies sind die Tage, die i lieb´
Zum Schluss noch zum Après Ski,
Jedes Getränk auf einen Hieb.

Manchmal braucht man schöne Tage
Ganz ohne Frag´
Doch wie jeder Tag
Geht auch jener zu Ende
Und alle müssen heim
Die Welt ist doch so gemein.

Manchmal braucht man schöne Tage
Ganz ohne Frage.

Die Illusion der Liebe

Zwei Schwestern, Ski und Sonne,
Sahen zwei Jungs, das war voll sympatisch
Liebe gleich am Anfang, dachten sie klar,
Doch dann merkten sie, es war nicht wunderbar.

Nicht alles ist, wie es zuerst scheint,
Die Liebe verschwand wie ein Traum, der nicht bleibt.

Als die Angst weg war
wollten sie sich kennenlernen
Der nächste Tag, sie halten ein Gespräch
Die Jungs, die waren aber nicht so nett, wie der erste Blick

Nicht alles ist, wie es zuerst scheint,
Die Liebe verschwand wie ein Traum, der nicht bleibt.

Ihre Träume zerbrachen, die Hoffnung verflog,
Doch sie lächelten, denn die Erkenntnis kam überstürzt.
Wahre Liebe braucht Zeit, das ist wahr,
Das Wichtigste ist, dass man einander vertraut, das ist klar.

Nicht alles ist, wie es zuerst scheint,
Die Liebe verschwand wie ein Traum, der nicht bleibt.

Liebestanz*

In einem Meer aus Liebe schwimm ich tief,
Gefühle tragen mich, wie ein sanfter Wind deszug.
Die Herzen schlagen im Einklang, so nahe,
Ein Band, das uns verbindet, für alle Tage.

Die Liebe, wie ein bunter Tanz,
Sie bringt uns Glück und macht uns ganz.

Doch manchmal gibt es auch stürmische Zeiten,
Die Liebe wird auf die Probe gestellt, wie in Weiten.
Doch wir halten fest, an unserer starken Hand,
Gemeinsam meistern wir, was das Leben uns bereitet.

Die Liebe, wie ein bunter Tanz,
Sie bringt uns Glück und macht uns ganz.

Die Liebe ist stark, sie kennt keine Grenzen,
Sie lässt uns wachsen in allen Dimensionen.
Gemeinsam blicken wir in eine strahlende Zukunft,
Mit Liebe im Herzen sind wir unbesiegt in jeder Flucht.

Die Liebe, wie ein bunter Tanz,
Sie bringt uns Glück und macht uns ganz.

Gute alte Zeit

Der Schnee fällt vom Himmel so ruhig herab
Wiesen und Wälder weiß und bitterkalt.
In der Stube hilft die Familie zusamm´
Und schmückt die Tanne in bunten Farben.

Hoffentlich in einem Jahr,
Ist die Familie wieder beisamm,
Wie vor einigen Jahren.

Kaum noch zu erwarten das Leuchten des Raumes,
Und die Geschenke im Schatten des Baumes.
Alle verzaubert von der schönen Zeit,
Beisammen, entspannt und ohne Streit.

Hoffentlich in einem Jahr,
Ist die Familie wieder beisamm,
Wie vor einigen Jahren.

Die Weihnacht darauf ganz anders als geplant,
Die Stimmung gedrückt und nicht mehr so fröhlich wie einst.
Die Großeltern im Gedanken und die Stimmungen schwanken.

Hoffentlich in einem Jahr,
Ist die Familie wieder beisamm,
Wie vor einigen Jahren.

Über die Autor:innen:

Hinter I. G. Borg stehen neunzehn Jugendliche, die neben ihrer Leidenschaft für den
Sport auch ihre sprachliche Kreativität eint.
Im vorliegenden Buch haben sie ihre Gedanken zum Thema „Liebe" in lyrischer
Form zu Papier gebracht.

* Das Gedicht „Liebestanz" entstand unter ´Mithilfe´ von Künstlicher Intelligenz.

Bilder KI-generiert mit playgroundai